LA RÉFORME

DES

ÉTUDES JURIDIQUES

CONTENANT LES

TEXTES OFFICIELS

DES DÉCRETS ET ARRÊTÉS DU 30 AVRIL 1895

sur

LA RÉORGANISATION

DE LA

Licence et du Doctorat en Droit

———※———

PRIX : 20 CENTIMES

———※———

TOULOUSE
Imprimerie du Guide-Gazette des Étudiants
50, RUE GAMBETTA, 50
———
4 MAI 1895

LE
GUIDE-GAZETTE

DES

ÉTUDIANTS DE TOULOUSE

ET DES ÉLÈVES DES LYCÉES & COLLÈGES DE L'ACADÉMIE

Revue Hebdomadaire

50, RUE GAMBETTA, 50, TOULOUSE

Publie tout ce qui concerne les Facultés, les
Lycées et Collèges, les Écoles Spéciales.
Réglements, Programmes des Cours, Sujets et
Résultats des Concours, Examens, etc.

Prix du Numéro : 15 centimes

ABONNEMENTS :

Un an : **6** francs.
Six mois : **4** francs.
Trois mois : **2** fr. **50**.
Étranger, un an : **8** francs.

On s'abonne à toute époque de l'année
On peut se procurer les numéros parus antérieurement
50, RUE GAMBETTA, 50
TOULOUSE

LA RÉFORME

ÉTUDES JURIDIQUES

Les textes officiels des décrets et arrêtés relatifs à la réforme de la licence et du doctorat en droit, ont été signés le 30 avril et publiés au *Journal officiel* du 2 mai 1895.

Nous les reproduisons *in-exlenso*.

Nous aurions voulu publier ici le Rapport présenté par M. le Président de la République par le ministre de l'instruction publique : la longueur de cet important document ne nous l'a pas permis.

RÉORGANISATION

DE LA

LICENCE EN DROIT

Le Président de la République française,

Sur le rapport du ministre de l'Instruction publique, des Beaux-Arts et des Cultes,

Vu les décrets des 28 décembre 1880, 24 juillet 1889, 31 juillet 1890 et 31 juillet 1891 ;

Vu la loi du 27 février 1880 ;

Ⓒ

Le Conseil supérieur de l'Instruction publique entendu,

Décrète :

TITRE 1er

DE L'EMSEIGNEMENT

Art. 1er. — L'enseignement des Facultés de droit comprend, en première, en deuxième et en troisième année, les matières suivantes :

Première année

Droit romain : ensemble des institutions juridiques de Rome exposées dans leur développement historique ;

Droit civil ;

Economie politique ;

Histoire générale du droit français (un semestre) ;

Eléments du droit constitutionnel et organisation des pouvoirs publics un (semestre).

Deuxième année

Droit romain : matières spéciales intéressant particulièrement le droit français (un semestre) ;

Droit civil ;

Droit criminel ;

Droit administratif ;

Droit international public (un semestre).

Troisième année

Droit civil ;

Droit commercial ;

Droit international privé (un semestre).

Procédure civile (un semestre) et, au choix

des étudiants, un des cours semestriels sui-
vants :

Procédure civile (voies d'exécution);

Législation financière,

Et droit maritime, dans les Facultés où
existe cet enseignement ;

TITRE II

DES EXAMENS

Art. 2. — Les examens qui déterminent la
collation du grade de licencié en droit sont
au nombre de trois :

Le premier est subi à la fin de la première
année d'études, après la quatrième et avant
la cinquième inscription trimestrielle ;

Le deuxième, à la fin de la deuxième
année, après la huitième et avant la neu-
vième inscription ; .

Le troisième, à la fin de la troisième
année, après la douzième inscription.

Le deuxième et le troisième se subdivisent
en deux parties. .

Art. 3. — Le premier examen porte sur
les matières qui font l'objet des enseignements de première année.

Il comprend quatre interrogations : une
sur le droit romain, une sur le droit civil,
une sur l'économie politique, une sur l'histoire du droit français, le droit constitutionnel et l'organisation des pouvoirs publics.

Le jury est composé de quatre examinateurs.

Art. 4. — La première partie du deuxième
examen comporte deux interrogations sur le
droit civil et une sur le droit romain.

La seconde partie comporte une interrogation sur le droit criminel, une interogation sur le droit administratif, une interrogation sur le droit international public.

A chacune des deux parties, le jury se compose de trois examinateurs.

Art. 5. — La première partie du troisième examen comprend une épreuve écrite et une épreuve orale.

L'épreuve écrite consiste en deux compositions, l'une sur une question de droit civil, l'autre sur une question de droit commercial.

Il est accordé trois heures pour chaque composition.

En dehors des codes, les candidats ne peuvent faire usage d'aucun livre ou manuscrit.

Pour chaque groupe de candidats et pour chaque composition, il est donné deux sujets, entre lesquels les candidats ont le droit de choisir.

L'épreuve écrite est éliminatoire.

L'épreuve orale de la première partie consiste en interrogations sur le droit civil et sur le droit commercial.

Le jury de la première partie comprend trois examinateurs. La troisième interrogation porte, au choix de l'examinateur, sur le droit civil ou sur le droit commercial.

La deuxième partie comporte trois interrogations, une sur le droit international privé, une sur la procédure civile, et la troisième sur la matière du cours semestriel à option choisi par le candidat.

Le jury se compose de trois examinateurs.

Art. 6. — Un arrêté ministériel déterminera la répartition des matières de droit civil entre les divers examens.

Art. 7. — L'admissibilité, l'admission ou l'ajournement des candidats sont prononcés après délibération du jury.

Aux diverses épreuves orales, une noire et une rouge-noire, ou deux rouges-noires entraînent l'ajournement.

La nullité sur une des matières de l'examen peut entraîner l'ajournement, après délibération du jury.

Art. 8. — A tous les examens, les notes obtenues aux conférences par les candidats sont communiquées au jury. Il en est tenu compte dans l'appréciation des épreuves.

Les étudiants des établissements libres peuvent invoquer le bénéfice de la dispositioa qui précède.

Art 9. — Les sessions d'examens ont lieu deux fois par an, à la fin et au début de l'année scolaire.

Les dates en sont fixées par le Doyen.

Aucun examen isolé ou collectif ne peut avoir lieu en dehors des deux sessions réglementaires.

Art. 10. — Les deux parties d'un même examen sont subies en deux jours consécutifs, dans l'ordre fixé par le présent décret.

Toutefois, à la première partie du troisième examen, l'épreuve écrite et l'épreuve orale ne sont pas subies le même jour et peuvent être séparées par un intervalle de plusieurs jours.

Art. 11. — Tout étudiant doit, à moins

d'une autorisation du doyen qui n'est accordée que pour cause grave, subir l'examen correspondant à son année d'études, à la session de juillet.

Sont seuls admis à se présenter à la session de novembre les candidats ajournés à la session de juillet, ou autorisés à ne pas s'y présenter.

Art. 12. — Tout étudiant doit subir l'examen correspondant à chaque année d'études devant la faculté où il a pris les inscriptions de l'année.

Le transfert d'une faculté à une autre n'est autorisé, en cours d'année, que dans les formes prescrites par le décret du 30 juillet 1883.

Art. 13. — L'étudiant qui n'a pas subi avec succès l'examen correspondant à son année d'études au plus tard à la session de novembre est ajourné à la fin de l'année suivante et ne peut prendre aucune inscription pendant le cours de cette année.

L'étudiant admis à l'une des deux parties du deuxième ou du troisième examen et ajourné à la seconde conserve le bénéfice de cette admission pendant deux ans au plus.

Le candidat admis à l'épreuve écrite et ajourné à l'épreuve orale de la première partie du troisième examen conserve pendant une année le bénéfice de l'admissibilité.

Art. 14. — Les étudiants sont tenus de déclarer leur option en se faisant inscrire pour les examens au secrétariat de la faculté.

Art. 15. — Le grade de bachelier en droit

est conféré après le deuxième examen, le grade de licencié après le troisième.

TITRE III

DISPOSITIONS TRANSITOIRES

Art. 16. — Les dispositions du présent décret seront mises à exécution, en ce qui concerne l'enseignement, à dater du 1ᵉʳ novembre 1895; en ce qui concerne les examens, à dater de la session de juillet 1896.

Toutefois, la distribution des matières de droit civil prescrite par le présent décret ne sera appliquée, pour la troisième année, qu'en 1897-1898 et, pour la seconde, qu'en 1896-1897.

Art. 17. — Sont et demeurent abrogées les dispositions contraires à celles du présent décret.

Art. 18. — Le ministre de l'instruction publique, des beaux-arts et des cultes est chargé de l'exécution du présent décret, qui sera inséré au *Bulletin des lois* et publié au *Journal officiel.*

Fait à Paris, le 30 avril 1895.

FÉLIX FAURE.

Par le Président de la République :
Le ministre de l'instruction publique,
des beaux-arts et des cultes,

R. POINCARÉ.

Réorganisation du Doctorat en Droit

Le Président de la République Française,

Sur le rapport du ministre de l'instruction publique, des beaux-arts et des cultes,

Vu les lois des 22 ventôse an XII, 14 juin 1854, 27 février et 18 mars 1880;

Vu les décrets et ordonnance des 4 complémentaire an XII, 3 juillet 1806, 26 mars 1829, 27 septembre 1835, 18 octobre 1859, 26 décembre 1875, 8 février 1877, 28 décembre 1878 et 5 juin 1880 ;

Vu le décret du 20 juillet 1882 ;

Vu les arrêtés du 1er octobre 1822, 5 décembre 1850 et 4 février 1853 ;

Le Conseil supérieur de l'Instruction publique entendu,

Décrète :

Art. 1er — Les diplômes de docteur en droit portent l'une des mentions suivantes :

Sciences juridiques ;

Sciences politiques et économiques ;

Art. 2. — Les épreuves qui déterminent la collation du grade sont au nombre de trois : deux examens oraux et la soutenance d'une thèse composée par le candidat.

Art. 3. Les examens oraux portent sur les matières suivantes :

Sciences juridiques

1er examen. — 1° Droit romain avec une interrogation sur les *Pandectes ;*

2° Histoire du droit français ;

2e examen. — 1° Deux parties du droit civil, choisies par le candidat parmi celles qui seront déterminées par un arrêté ministériel (1).

2° Au choix des candidats :

Droit criminel ;

_____

(1) Incidemment le candidat pourra avoir à répondre tant sur les principes généraux que sur les matières qui se rattachent à l'objet de l'interrogation principale, quand même elles ne seraient pas comprises dans les parties du droit choisies par lui.

Droit administratif (juridictions et conten-
tieux);

Droit civil comparé dans les Facultés où
existe cet enseignement.

Sciences politiques et économiques

1er *examen*. — 1° Histoire du droit public
français. — Principes du droit public; droit
constitutionnel comparé;

2° Droit administratif (1) ou droit international public, au choix du candidat.

2e *examen* : 1° Économie politique et histoire des doctrines économiques;

2° Législation française des finances et
science financière;

3° Au choix du candidat et selon les Facultés:

Législation et économie industrielles;

Législation et économie rurales;

Législation et économie coloniales.

Cette dernière option peut porter également sur une des matières d'ordre historique ou d'ordre économique enseignées dans
d'autres Facultés du même corps, et admises
par le Conseil général des Facultés comme
enseignements communs à la Faculté de
Droit et à une autre Faculté.

Art. 4. — L'interrogation sur les *Pandectes* a lieu d'après un programme publié au
commencement de l'année scolaire.

Le candidat qui n'a pas pris ses inscriptions dans la faculté où il se présente pour
subir les épreuves dépose au secrétariat, en

_____

(1) Ne sont pas comprises dans le droit administratif
les matières d'ordre constitutionnel et d'ordre finan-
cier.

se faisant inscrire pour l'examen, le programme du cours de *Pandectes* qu'il a suivi ailleurs.

Art. 5. — Les candidats sont tenus de déclarer leurs options en se faisant inscrire pour l'examen qui les comporte.

Les deux examens en vue de la mention *Sciences politiques et économiques* sont subis dans l'ordre choisi par le candidat.

Art. 6. — Le sujet de la thèse est choisi par le candidat, suivant la mention qu'il postule, soit dans les sciences juridiques, soit dans les sciences politiques et économiques.

Il doit être au préalable soumis à l'agrément du doyen.

La thèse ne peut être soutenue qu'après l'admission des deux examens oraux.

Art. 7. — Le candidat reconnu apte au grade avec l'une des mentions peut obtenir l'autre à la condition de subir un examen et de composer et de soutenir une seconde thèse.

Dans le cas où la seconde mention à obtenir sera celle des *sciences juridiques*, l'examen portera sur les obligations en droit romain et en droit français, et le sujet de la thèse devra être choisi dans les sciences juridiques.

Dans le cas contraire, l'examen portera : 1º sur l'économie politique et l'histoire des doctrines économiques ; 2º sur la législation et la science financières, ou au choix des candidats, dans les Facultés où existe cet enseignement, sur la législation et l'économie industrielles ; le sujet de la thèse devra être choisi dans les *sciences politiques* et économiques.

Dans les deux cas, le sujet de la seconde thèse ne pourra être tiré du même ordre d'études que celui de la première.

Art. 8. — Les trois épreuves doivent être subies devant la Faculté où le candidat a pris les quatre inscriptions réglementaires, à moins d'une autorisation du recteur, laquelle ne peut être accordée que pour cause grave et après avis du Conseil de la Faculté.

Art. 9. — Les épreuves peuvent être subies pendant tout le cours de l'année scolaire, sauf les restrictions jugées nécessaires par le Doyen, par suite des besoins du service.

Art. 10. — Chaque examen oral dure une heure ; la soutenance de la thèse, une heure et demie.

A chacun des deux examens le jury se compose de quatre examinateurs et de trois à la soutenance de la thèse.

Dans le cas où, au doctorat avec mention *sciences politiques et économiques*, le candidat a choisi, au second examen, une matière enseignée dans une autre Faculté, un membre de cette Faculté fait partie du jury.

Art. 11. — Les rapports sur les travaux des candidats dans les conférences sont communiqués au jury.

Les étudiants des établissements libres peuvent invoquer le bénéfice de la disposition qui précède.

Art. 12. — Nul n'est admis à la suite de

chacun des deux examens, s'il n'a obtenu au moins deux boules blanches et une boule blanche-rouge.

L'ajournement ou l'admission, à la suite de la soutenance de la thèse, sont prononcés après délibération du jury.

En cas d'ajournement, aucune des trois épreuves ne peut être renouvelée qu'après un délai de deux mois; aucune abréviation ne sera accordée.

Art. 13. — Le présent décret sera mis à exécution, dans toutes les facultés de droit, en ce qui concerne le doctorat avec mention *Sciences juridiques*, à partir de l'année scolaire 1895-1896.

En ce qui concerne le doctorat avec mention *Sciences politiques et économiques*, il pourra n'être appliqué que successivement dans les diverses facultés, suivant l'organisation de l'enseignement, sans que toutefois le délai puisse dépasser trois années à dater du 1er novembre 1895.

Art. 14. — Les docteurs en droit reçus antérieurement à la promulgation du présent décret et ceux qui seront reçus par application des dispositions transitoires ci-après pourront, à dater de l'année scolaire 1896-1897, postuler la mention *Sciences politiques et économiques* dans les conditions déterminées par l'article 7 ci-dessus.

Art. 15. — Par mesure transitoire, les licenciés en droit qui, à la date du présent décret, auront subi les trois examens prévus par le règlement du 20 juillet 1882, n'auront à soutenir qu'une thèse pour compléter leurs épreuves.

Ceux qui auront subi les deux premiers de ces examens n'auront également à soutenir qu'une thèse.

Ceux qui n'auront subi que le premier auront à subir le deuxième et à soutenir une thèse.

Ceux qui, au cours de l'année scolaire 1894-1895, auront pris les inscriptions règlementaires en vue du doctorat, auront à subir les deux premiers examens prévus par le règlement précité et à soutenir une thèse.

Art. 16. — Sont et demeurent abrogées toutes les dispositions antérieures contraires au présent décret.

Art. 17. — Le ministre de l'Instruction publique, des beaux-arts et des cultes est chargé de l'exécution du présent décret, qui sera inséré au *Bulletin des lois* et publié au *Journal Officiel.*

Fait à Paris, le 30 avril 1895.

FÉLIX FAURÉ.

Par le Président de la République :
Le Ministre de l'Instruction publique,
des Beaux-Arts et des Cultes,
R. POINCARÉ.

Programme du Droit civil du Doctorat en droit

SCIENCES JURIDIQUES

Le ministre de l'Instruction publique, des beaux-arts et des cultes,

Vu l'article 5 de la loi du 27 février 1880 ;

Vu l'article 3 du décret en date de ce jour sur le doctorat en droit;

Le Conseil supérieur de l'Instruction publique entendu,

Arrête ainsi qu'il suit le programme de droit civil prévu à l'article 3 du décret susvisé :

1re *partie* : Droit des personnes, droits de famille, régime des biens entre époux ;

2e *partie* : Successions, donations, testaments ;

3e *partie* : Obligations et contrats spéciaux ;

4e *partie* : Droit de propriété, droits réels, sûretés réelles.

Les matières contenues dans chacune des divisions précédentes ne doivent pas s'entendre simplement comme se référant aux dispositions du code ou des lois complémentaires comprises sous les rubriques correspondantes; elles embrassent des théories juridiques complètes et l'application des théories générales qui s'y rattachent.

Fait à Paris, le 30 avril 1895.

R. POINCARÉ.

Réorganisation des Conférences Facultatives

Le ministre de l'instruction publique, des beaux-arts et des cultes,

Le conseil supérieur de l'instruction publique entendu,

Arrête :

Art. 1er. — Les conférences facultatives

instituées dans les facultés de droit par les arrêtés du 10 janvier 1855 et du 27 décembre 1881 ont pour objet :

Les conférences de licence : des exercices pratiques, tels que : interrogations, compositions écrites, études d'auteurs et de textes ;

Les conférences de doctorat : des études approfondies sur des questions se rapportant aux matières comprises dans le programme du doctorat.

Art. 2. — Les conférences sont semestrielles ou annuelles.

Chaque conférence comprend une ou deux séances par semaine.

Art. 3. — Elles sont dirigées :

Par ceux des professeurs qui désirent participer à ce service ;

Par des agrégés ;

Et, si les besoins du service l'exigent, par des docteurs en droit agréés par le conseil de la faculté.

Art. 4. — Des conférences de doctorat peuvent être confiées annuellement par le ministre à des personnes d'une compétence spéciale, non pourvues du grade de docteur.

Art. 5. — L'organisation des conférences est préparée, chaque année, au mois de juin, pour l'année suivante, par l'assemblée de la faculté.

Elle est soumise à l'approbation du ministre.

Elle est publiée par voie d'affiches.

Art. 6. — Il ne peut être admis plus de trente élèves à chaque conférence.

Un règlement arrêté par le conseil de la faculté déterminera la répartition des étudiants entre les conférences ayant pour objet la même matière.

Art. 7. — Les étudiants qui désirent prendre part aux travaux des conférences se font inscrire, au début de chaque semestre, au secrétariat de la faculté.

Ils choisissent suivant leur année d'études, celles des conférences aux travaux desquels ils veulent participer.

Art. 8. — A la fin du semestre ou à la fin de l'année, suivant que la conférence est semestrielle ou annelle, un rapport est adressé au doyen par les directeurs de conférences sur les travaux de chacun des étudiants participants.

Art. 9. — Il sera statué ultérieurement sur la répartition des maîtres chargés de diriger les conférences.

Fait à Paris, le 30 avril 1895.

R. POINCARÉ.

Le Guide-Gazette des Ftudiants de Toulouse publiera tous les documents relatifs à la réforme des études juridiques et les réglements et instructions qui s'y rattachent.

Toulouse, typ.-lith. Labouche Frères, 50, rue Gambetta

www.ingramcontent.com/pod-product-compliance
Lightning Source LLC
Chambersburg PA
CBHW050451210326
41520CB00019B/6158